PIZZA, FOCACCE and CO.

53 Ricette Italiane Farcite e non per una Combinazione Unica di Sapori

Michael Esposito

Text Copyright © Michael Esposito

Tutti i diritti riservati. Nessuna parte di questo libro può essere riprodotta in qualsiasi forma senza autorizzazione scritta dell'autore.

Proprietà Letteraria Riservata

Green Book Publishing LTD

Pubblicato da

Green Book Publishing LTD

24 Tax Suite 137 B Westlink House 981 Great West Road, Brentford, United Kingdom, TW8 9DN

Prima Stampa Settembre 2021

Green Book Publishing ®

INDICE DELLE RICETTE

INTRODUZIONE 6

PIZZE 7

    RICETTA BASE PER PASTA PER LA PIZZA 8

    PIZZA MARGHERITA 10

    PIZZA BIANCA CON LE ALICI 12

    PIZZA VEGANA ALLE VERDURE 14

    PIZZELLE FRITTE 16

    PIZZETTE ALLA NAPOLETANA CON SALSICCIA E CIPOLLOTTI ... 18

    PIZZA CON PARMIGIANA DI MELANZANE 20

    PIZZA CON FAVE, RICOTTA E PECORINO 22

    PIZZA CON PEPERONI E TONNO 24

    PIZZA CON VERDURE GRIGLIATE 26

    PIZZA AL TAGLIO CON PROVOLA E SALAME 28

    PIZZA CON CRESCENZA E CARCIOFI 30

    PIZZA CON ALICI E FIORI DI ZUCCA 32

    MINI CALZONI CON SALAME PICCANTE E RICOTTA 34

    PIZZA ALLA CAPRESE 36

    PIZZA CON PROSCIUTTO, CRESCENZA E PORRI 38

    PIZZA AI SAPORI DEL SUD 40

    PIZZA GOURMET CON FICHI E SPECK 42

    PIZZA CON OLIVE E CAPPERI 44

    LA "PIZZAMARE" 46

FOCACCE 48

FARINATA DI CECI 49

FOCACCINE CON FARINA DI FARRO 51

FOCACCIA DI RECCO 54

FOCACCIA DI QUINOA SENZA GLUTINE CON LE OLIVE 56

FOCACCIA CON PATATE E ROSMARINO 58

FOCACCIA ALL'ORIGANO 60

FOCACCIA CON LIEVITO MADRE, ACETO BALSAMICO E PECORINO 63

FOCACCIA CON POMODORINI RIPIENA 65

FOCACCIA BARESE 67

FOCACCINE AI PEPERONI E TIMO 69

FOCACCIA CON OLIVE, NOCI E TIMO 71

FOCACCIA CON MAIS E PANCETTA 73

FOCACCIA FARCITA 75

FOCACCIA INTEGRALE CON ZUCCHINE E FORMAGGIO 77

FOCACCIA GOURMET 79

FOCACCIA AL GRANO SARACENO CON GORGONZOLA E NOCI 81

FOCACCIA CON CIPOLLE, MELANZANE E ROSMARINO 84

FOCACCIA ALLE MELE 86

FOCACCIA GENOVESE 88

FOCACCIA AL MIELE DI SULLA CON NOCCIOLE 90

& COMPANY 92

PANINI ALLE NOCI 93

PANINI DI QUINOA SENZA GLUTINE 95

FILONCINI AL LIMONE 97

PIZZA WAFFLE 99

CONI DI PIZZA 100

CORNETTI SALATI AL ROSMARINO 104

MUFFIN DI PIZZA 106

GIRELLE SALATE AL POMODORO E ORIGANO 109

PANZEROTTI AL FORNO 111

BRUSCHETTE CON CREMA DI MELANZANE, PEPERONI E OLIVE 113

BOMBE CROQUE MONSIEUR 115

PIADINA APERTA CON MOZZARELLA, PEPERONI E PORCHETTA 117

PLUMCAKE SALATI CON PROSCIUTTO E OLIVE 119

INTRODUZIONE

Focacce, pizze, pani speciali e sfoglie salate rappresentano da sempre preparazioni gustose e appetitose che ci accompagnano in vari momenti delle nostre giornate

Preparare l'impasto non è solo una questione di infarinare, amalgamare ingredienti, dare forma a pane, focacce, pizze o altro da infornare, ma si tratta soprattutto di dare vita ad un prodotto buono e straordinario, che è poi il risultato del lavoro delle nostre mani

Fondamentale è sempre usare ingredienti di qualità, che ci garantiscono un risultato ottimale

Nella sezione Pizze scoprirete tante gustose e sfiziose ricette per sbizzarrirvi con vari ingredienti originali e gourmet. In quella delle Focacce, invece, troverete tanti spunti, anche veloci, per preparare ottime merende, e gustosi accompagnamenti per l'aperitivo. Nella sezione "& Company" trovate una carrellata di irrinunciabili squisitezze salate

Bene, mani in pasta allora e tutti in cucina!

PIZZE

C'è che la preferisce alta, chi bassa, chi con il "cornicione", la pizza può essere farcita in mille modi: con le verdure, con salumi di vario genere, formaggi molli e a pasta dura.

Comunque sia è un sempre uno spettacolo e un tripudio di sapori e di gusto

RICETTA BASE PER PASTA PER LA PIZZA

Ingredienti per 4 persone:

- 500 g di farina "00"
- ½ cubetto di lievito di birra fresco
- 250 ml d'acqua
- Olio q.b.
- 7 gr di sale

Preparazione:

- Setacciate la farina e disponetela a fontana in una ciotola; al centro mettete il lievito sciolto in poca acqua tiepida e iniziate ad impastare. Aggiungete la restante acqua con il sale sciolto e lavorate fino a ottenere un impasto morbido ed omogeneo. Aggiungete 2 cucchiai di olio evo e continuate ad impastare fino a farle raggiungere una certa elasticità. Create una pagnottina, incidetela a croce sulla superficie e rimettetela nella ciotola coperta con un canovaccio. Lasciate lievitare in un luogo tiepido (ad esempio l'interno del forno spento) per almeno 4 ore
- Quando la pasta ha quasi raddoppiato il suo volume, appiattitela con il palmo delle mani e tiratela nella forma della teglia che andrete ad usare e in uno spessore di circa ½ centimetro. Adagiate in una teglia

da forno ben unta con olio evo e, con i polpastrelli, allargate fino a coprire tutto il fondo, avendo cura di lasciare il bordo un po' più spesso
- Lasciate lievitare coperta ancora per 40/45 minuti dopo averla ben spennellata con olio evo
- Distribuite sulla superficie gli ingredienti previsti dalla ricetta avendo cura di lasciare liberi 2 cm dal bordo; mettete in forno alla temperatura e per il tempo previsto dal tipo di pizza che andate a preparare

PIZZA MARGHERITA

Ingredienti per 4 persone:

- Base per la pizza (vedi ricetta pagina 10)
- 400 gr di mozzarella per pizza
- 200 gr di polpa fine di pomodoro
- Olio evo q.b.
- Alcune foglie di basilico

- Dopo aver preparato e steso la pasta per pizza come da ricetta, stendete la polpa di pomodoro sulla superficie e infornate a 250°C per 8/10 minuti
- Togliete dal forno e aggiungete la mozzarella o tagliata a dadini o a fette, come preferite, terminate con un giro di olio d'oliva e rimettete in forno per altri 8/10 minuti alla temperatura di 230°C
- Togliete la pizza dal forno, guarnite con foglioline di basilico e servite subito

PIZZA BIANCA CON LE ALICI

Ingredienti per 4 persone:

- Pasta per pizza come da ricetta base di pagina 10
- 300 gr di alici ben pulite
- 150 gr di scamorza bianca
- 1 cucchiaino di semi di finocchio
- 1 limone biologico
- Olio evo q.b.
- Sale e pepe nero in grani

Preparazione:

- Aprite le alici a libro, eliminate la lisca centrale, lavatele bene e asciugatele con carta da cucina
- Tagliate la scamorza a lamelle sottili, pestate grossolanamente i semi di finocchio e i grani di pepe in un mortaio o, dopo averli chiusi in un canovaccio pulito, con il batticarne
- Stendete la pasta in una sfoglia dello spessore di circa mezzo centimetro e trasferitela in una teglia rivestita con carta da forno. Bucherellate il fondo, spennellatelo con due cucchiai di olio emulsionati con due di acqua e cuocete la base in forno preriscaldato a 230° per 7-8 minuti

- Estraete la teglia dal forno, disponetevi sopra la scamorza e le acciughe, conditele con una presa di sale, una macinata di pepe e un filo di olio e proseguite la cottura per altri 10-12 minuti
- Prima di servire profumate la pizza cospargendola con il trito di semi di finocchio e pepe e la scorza di limone grattugiata

PIZZA VEGANA ALLE VERDURE

Ingredienti per 4 persone:

- 1 base per pizza come ricetta a pagina 10
- 3 cucchiai di pesto di rucola
- 100 gr di spinaci freschi
- 1 carciofo grande
- Mezzo mazzo di asparagi
- 1 spicchio di aglio
- ½ porro
- Olio evo q.b.
- Sale q.b.

Preparazione:

- Tagliate a rondelle il porro, pulite gli asparagi mantenendo le punte e la parte più tenera del gambo, che taglierete a rondelle. Pulite il carciofo, eliminando le foglie esterne e la parte superiore più dura, dividetelo a spicchi, eliminate la barba interna e tuffatelo in acqua e limone per non farlo annerire. Lavate gli spinaci e, senza scolarli troppo, trasferiteli in padella con olio, uno spicchio di aglio e un pizzico di sale. Quando sono appassiti eliminate l'aglio e teneteli da parte. Saltate i carciofi ben sgocciolati in padella con un cucchiaio di olio per ammorbidirli,

aggiungendo un po' di acqua. Unite le punte degli asparagi, salate e pepate senza cuocere troppo
- Nel frattempo accendete il forno a 220°C
- Riprendete la pasta e allargatela su un foglio di carta forno. Spalmate la superficie con il pesto di rucola, ricoprite con i carciofi, gli asparagi e gli spinaci aggiungendo da ultimo le rondelle di porro. Condite con abbondante olio evo e infornate per 20 minuti a forno caldo. La pizza è pronta quando i bordi sono dorati

PIZZELLE FRITTE

Ingredienti per 4 persone:

- 1 base per pizza come da ricetta a pagina 10
- 600 gr di passata di pomodoro
- 1 spicchio di aglio
- Olio evo
- Qualche foglia di basilico
- Sale e pepe q.b.
- Scaglie di grana padano e 4 cucchiai di grana grattugiato
- Olio di semi di arachidi per friggere

Preparazione:

- Suddividete l'impasto per la pizza in palline da 60 g ciascuna aiutandovi con un tarocco. Stirate con un matterello ciascuna di esse in dischetti di circa 10 cm di diametro, ponetele su un vassoio infarinato con semola rimacinata di grano duro, coprite con la pellicola alimentare e fate lievitare per 30 minuti
- In una casseruola fate insaporire qualche cucchiaio d'olio con l'aglio e, quando sarà dorato, rimuovetelo. Aggiungete la passata di pomodoro, salate, pepate e cuocete per 15 minuti o comunque fino a quando la salsa si sarà ristretta

- Friggete le pizzelle, poche alla volta, in un tegame a bordi alti con olio bollente a 170°, facendole dorare da entrambi i lati. Scolatele con un mestolo forato, asciugatele su carta da cucina e conditele con la salsa di pomodoro preparata
- Cospargete con il Grana Padano grattugiato e a scaglie, guarnite con una foglia di basilico e servite le pizzelle fritte ancora calde

PIZZETTE ALLA NAPOLETANA CON SALSICCIA E CIPOLLOTTI

Ingredienti:

- 1 base per pizza come da ricetta a pagina 10
- 350 gr di mozzarella per pizza
- 2 cipollotti rossi di Tropea
- 350 gr di salsiccia
- 300 gr di polpa di pomodoro
- Olio evo q.b.

Preparazione:

- Dividete la pasta per pizza in pezzi da circa 120 gr ciascuno e date una forma tondeggiante. Metteteli in una placca da forno e fateli lievitare ancora per 30 minuti
- Nel frattempo rosolate la salsiccia spezzettata senza alcun condimento
- Mondate i cipollotti, tagliateli a fette e metteteli in acqua fredda
- Stendete le palline di pasta lasciando uno spessore maggiore al bordo; distribuitevi il pomodoro con un cucchiaio e la mozzarella a dadini, aggiungete le fette di cipollotti e la salsiccia

- Distribuite un filo d'olio e infornate a 220°C per 10 minuti circa o fino a quando il bordo non risulta dorato
- Servite calde con qualche oliva nera, se gradita

PIZZA CON PARMIGIANA DI MELANZANE

Ingredienti per 4 persone:

- 1 base per pizza come da ricetta a pagina 10
- 2 melanzane lunghe
- 400 gr di polpa di pomodoro
- 300 gr di mozzarella fiordilatte
- 1 spicchio di aglio
- 5 cucchiai di parmigiano grattugiato
- Qualche foglia di basilico fresco
- Olio evo q.b.
- Sale q.b.
- Olio per friggere

Preparazione:

- Condite la polpa di pomodoro con olio, sale e basilico fresco spezzettato, aglio e lasciate riposare
- Nel frattempo lavate le melanzane nel senso della lunghezza e tagliatele a fettine molto sottili. Spolverizzatele con del sale grosso all'interno di uno scolapasta e lasciatele riposare per almeno 2 ore. Trascorso questo tempo sciacquatele ed asciugatele molto bene. Friggetele in abbondante olio, scolandole con un mestolo forato e disponendole a mano a mano sulla carta assorbente. Tenete da parte

- Stendete con le mani l'impasto all'interno di una teglia rettangolare ben oliata, cospargete la superficie con la polpa di pomodoro a cui avrete tolto l'aglio, unite la mozzarella sfilacciata a cui avete fatto sgocciolare il liquido naturale e abbondante parmigiano reggiano grattugiato
- Cuocete nel forno già caldo a 220°C per circa 20-25 minuti. Aggiungete le melanzane alla pizza appena sfornata, tagliate in quadrati e servite con altro parmigiano grattugiato e basilico fresco

PIZZA CON FAVE, RICOTTA E PECORINO

Ingredienti per 4 persone:

- 1 base per pizza come da ricetta a pagina 10
- 1 kg di fave
- 200 gr di ricotta di pecora
- 50 gr di pecorino a scaglie
- Origano fresco q.b.

Preparazione:

- Prendete 4 teglie per pizza di circa 22 cm di diametro, ungetele e distribuitevi la pasta che avete precedentemente diviso in 4 panetti; stendete bene con i polpastrelli, oliate la superficie e infornate a 190°C per 15 minuti circa
- Nel frattempo sgranate le fave (meglio se sono di piccole dimensioni)
- Lavorate la ricotta con un pizzico di sale e pepe fino a ottenere una crema che distribuirete sulle pizze appena sfornate; distribuite anche le fave e condite con olio e vo e poco sale
- Terminate con le scaglie di pecorino, foglie di origano e, se lo gradite, una macinata di pepe nero

PIZZA CON PEPERONI E TONNO

Ingredienti per 4 persone:

- 1 base per pizza come da ricetta a pagina 10
- 200 gr di salsa di pomodoro
- 1 peperone rosso e 1 giallo
- 200 gr di tonno sott'olio
- 300 gr di mozzarella
- Olio evo q.b.
- Qualche foglia di basilico

Preparazione:

- Scottate i peperoni interi sul fuoco a diretto contatto con la fiamma, girandoli spesso, fino a quando la buccia non risulta carbonizzata. Chiudeteli in un sacchetto di plastica e lasciateveli per 5 minuti. Questo renderà più semplice poter eliminare la pelle, i semi e le nervature interne; riduceteli a listerelle
- Allargate la base per la pizza su una teglia oliata e aiutatevi con i polpastrelli per stendere bene fino al bordo (che lascerete un po' più spesso)
- Distribuite con il cucchiaio la salsa di pomodoro, la mozzarella, i filetti di peperoni, il tonno sgocciolato e spezzettato

- Infornate a 220°C per 20 minuti circa, o fino a quando il bordo risulta leggermente dorato, togliete dal forno, decorate con qualche foglia di basilico e un giro di olio evo a crudo
- Servite calda

PIZZA CON VERDURE GRIGLIATE

Ingredienti:

- 1 base per pizza come da ricetta a pagina 10
- ½ peperone rosso
- 1 zucchina
- 1 melanzana
- 250 gr di passata di pomodoro
- 1 spicchio di aglio
- Qualche foglia di basilico
- 1 pizzico di origano

Preparazione:

- Mondate e lavate la melanzana e la zucchina e tagliatele a fette (la zucchina nel senso della lunghezza); togliete i semi e le nervature bianche del peperone
- Prendete una piastra di ghisa e grigliate le verdure per circa 2 minuti per lato
- Dividete il peperone a listerelle, mettete in un piatto e condite con olio, sale e origano a piacere
- Stendete la pasta per la pizza in una teglia da forno oliata, premendo con i polpastrelli per farla arrivare al bordo della teglia, oliate la superficie e lasciate riposare per 45 minuti circa

- Nel frattempo avrete condito la passata di pomodoro con foglie di basilico e lo spicchio d'aglio, un pizzico di sale e uno di origano. Lasciate riposare per 15 minuti circa
- Eliminate l'aglio e stendete la passata sulla pizza, distribuite la mozzarella tagliata a fette e infornate a 190°C per 15 minuti, poi unite le verdure grigliate e fate cuocere per altri 5 minuti
- La vostra pizza alle verdure è pronta per essere portata in tavola

PIZZA AL TAGLIO CON PROVOLA E SALAME

Ingredienti per 4/6 persone:

- 1 base per pizza come da ricetta a pagina 10
- 300 gr di passata di pomodoro
- Olio d'oliva
- 100 gr di salame
- 150 gr di provola bianca
- Sale e origano q.b.

Preparazione:

- Stendete la base per pizza in una teglia rettangolare ben unta di olio; premete bene con i polpastrelli per farla arrivare al bordo e spennellate con l'olio. Lasciate lievitare coperto per 45 minuti circa
- Nel frattempo mettete la passata di pomodoro in una ciotolina con 1 cucchiaio di olio, sale e origano e lo spicchio d'aglio schiacciato e lasciate insaporire per 15 minuti circa
- Trascorso questo tempo, distribuite la passata di pomodoro in modo uniforme, (togliete lo spicchio di aglio), aggiungete il salame a fette e la provola a cubetti

- Infornate a 200°C per 20 minuti circa o fino a quando il bordo non diventa dorato

PIZZA CON CRESCENZA E CARCIOFI

Ingredienti:

- 1 base per pizza come da ricetta a pagina 10
- 350 gr di crescenza
- 5 carciofi
- ½ bicchiere di vino bianco
- 200 gr di olive taggiasche denocciolate
- Il succo di ½ limone
- Sale e pepe q.b.

Preparazione:

- Dividete l'impasto per la pizza in 4 parti, stendete ciascuna in una teglia da pizza di circa 22 cm di diametro, premendo bene con i polpastrelli per arrivare al bordo. Spennellate di olio e fate riposare coperto per 45 minuti circa
- Mondate i carciofi togliendo le foglie esterne più dure e il gambo, tagliateli a spicchi, eliminate la barba interna e mettete a bagno in acqua fredda e limone perché non anneriscano. Fateli rosolare in un tegame con 2 cucchiai di olio, sfumate con il vino bianco, regolate di sale e pepe e lasciate sul fuoco per 5 minuti
- Trascorso il tempo di lievitazione, mettete in forno a 200°C per 7/8 minuti circa; togliete dal forno e

distribuite la crescenza a tocchetti sulla superficie, aggiungeteci i carciofi e completate con le olive taggiasche. Irrorate con un filo d'olio
- Infornate per altri 5/6 minuti

PIZZA CON ALICI E FIORI DI ZUCCA

Ingredienti:

- 1 base per pizza come da ricetta a pagina 10
- 350 gr di mozzarella per pizza
- 12/15 fiori di zucca
- Qualche foglia di basilico
- 6/7 filetti di acciuga
- 2 cucchiai di pinoli
- Olio evo q.b.

Preparazione:

- Stendete la pasta in teglia ben oliata, premendo con i polpastrelli per farla arrivare ai bordi; spennellate di olio, coprite e lasciate lievitare per 45 minuti
- Trascorso questo tempo distribuiteci le acciughe ben sgocciolate e metà della mozzarella a cubetti
- Infornate a 220°C per una decina di minuti circa
- Mentre la pizza cuoce, pulite i fiori di zucca eliminando parte del picciolo esterno e il pistillo interno, sciacquateli delicatamente sotto l'acqua, asciugate e distribuite sulla pizza (che nel frattempo avrete tolto dal forno), insieme alla mozzarella rimanente e ai pinoli

- Rimettete in forno per 6/7 minuti: per capire se è cotta sollevatela, la parte sotto deve risultare dorata
- Togliete dal forno e guarnite con foglie di basilico fresco, un giro d'olio e, a piacere, del pepe macinato fresco

MINI CALZONI CON SALAME PICCANTE E RICOTTA

Ingredienti:

- 1 base per pizza come da ricetta a pagina 10
- 200 gr di salame piccante a fette
- 20 pomodorini ciliegia
- 320 gr di ricotta di pecora freschissima
- 300 gr di mozzarella
- Qualche foglia di basilico olio evo e sale q.b.

Preparazione:

- Dividete la base per pizza in 12 palline che stendete con uno spessore di 4/5 mm
- Tagliate la mozzarella a strisce e mettetela in uno scolapasta perché perda il suo liquido naturale
- Togliete la pelle al salame e tagliatelo a rondelle
- Tagliate i pomodori a spicchi, privateli dei semi e salate
- Spalmate la metà di ogni disco di pasta con la ricotta e farcite con salame, qualche spicchio di pomodorino e 1 o 2 strisce di mozzarella. Aggiungete una fogliolina di basilico, un filo d'olio. Chiudete la metà pasta vuota facendo aderire bene i bordi per sigillare il ripieno (aiutatevi con una forchetta)

- Disponete i calzoni in una teglia rivestita con carta forno, spennellateli con olio d'oliva e infornate a 250°C per 15/18 minuti circa, o fino a quando non risultano dorati

PIZZA ALLA CAPRESE

Ingredienti:

- 1 base per pizza come da ricetta a pagina 10
- 250 gr di pomodorini datterini rossi e gialli
- 250 gr di mozzarella di bufala
- 2 cucchiai di olio evo
- Qualche rametto di timo fresco
- Sale e pepe q.b.

Preparazione:

- Dividete la pasta per pizza in 4 parti e stendete su una spianatoia leggermente infarinata. Trasferite ogni panetto in una teglia oliata da 20 cm circa di diametro, premendo bene con i polpastrelli per far arrivare la pasta fino al bordo. Coprite e lasciate lievitare per 40 minuti circa
- Tagliate la mozzarella a fette sottili mettendola in uno scolapasta per farle perdere il suo liquido naturale
- Lavate e tagliate i pomodorini e fette
- Infornate le pizze a 200°C per 12/15 minuti circa, poi togliete dal forno e condite alternando pomodoro e mozzarella
- Completate con foglie di timo fresco, un giro di olio d'oliva e una macinata di pepe fresco

PIZZA CON PROSCIUTTO, CRESCENZA E PORRI

Ingredienti per 4 persone:

- 1 base per pizza come da ricetta a pagina 10
- 400 gr di porri
- 300 gr di crescenza
- 150 gr di prosciutto cotto a dadini
- 1 noce di burro
- Olio d'oliva e sale q.b.

Preparazione:

- Stendete la pasta per pizza su una spianatoia leggermente infarinata, poi trasferitela in una teglia da forno oliata e terminate di stendere aiutandovi con le dita per farla arrivare al bordo. Spennellate bene di olio, coprite e lasciate lievitare per 40 minuti circa coperta con un canovaccio
- Mondate intanto il porro, tritatelo e fatelo appassire in una padella con 2 cucchiai d'olio e una noce di burro per qualche minuto: fate raffreddare. Distribuite il porro, freddo, sulla pizza e passatela in forno per 10 minuti. Unitevi poi anche il prosciutto a dadini e continuate la cottura per altri 5 minuti

- Completate con il formaggio a tocchetti e rimettete in forno per altri 2 minuti fino ad avere un bordo ben dorato
- Sfornate e servite subito

PIZZA AI SAPORI DEL SUD

Ingredienti per 4 persone:

- 1 base per pizza come da ricetta a pagina 10
- 150 gr di olive nere denocciolate
- 4 acciughe salate
- 1 cucchiaio di pinoli
- 1 cucchiaio di capperi salati
- 1 manciata di uvetta già ammollata
- 4 cuori di scarola
- Olio evo q.b.
- Sale e pepe q.b.

Preparazione:

- Stendete la pasta per pizza in una teglia grande (rotonda o rettangolare, come preferite) ben oliata e, aiutandovi con le dita, allargatela bene fino ai bordi. Spennellate con olio evo, coprite e lasciate lievitare ancora per 45 minuti circa
- Intanto lessate la scarola ben lavata per 5 minuti in acqua bollente salata, poi scolatela, strizzatela, sminuzzatela e fatela insaporire in padella, con un filo d'olio caldo, le acciughe spinate e dissalate, ½ cucchiaio di capperi risciacquati dal sale, una manciata

di uvetta, le olive, un cucchiaio di pinoli e un pizzico di pepe
- Distribuite il composto freddo sulla pasta lievitata, irrorate la pizza con un filo d'olio e infornatela a 220°C per 20/25 minuti circa o, fino a quando non è ben dorata sul bordo
- Servitela ben calda

PIZZA GOURMET CON FICHI E SPECK

Ingredienti per 4 persone:

- 1 base per pizza come da ricetta a pagina 10
- 700 gr di fichi
- 100 gr di speck tagliato a fettine
- Olio evo q.b.
- Sale q.b.

Preparazione:

- Stendete la pasta per pizza su una spianatoia leggermente infarinata e poi trasferitela in una teglia forno di circa 30/35 cm di diametro. Lavorate bene con le dita per allargare la pasta fino ai bordi, spennellate con olio, coprite e lasciate lievitare per 45 minuti circa
- Mondate intanto i fichi, eliminando le estremità, lavateli e tagliateli a spicchi, senza sbucciarli
- Infornate la pizza a 210 °C per 10-15', poi sfornatela e lasciatela intiepidire. Distribuite i fichi sulla pizza, disponetevi sopra le fettine di speck e servite

PIZZA CON OLIVE E CAPPERI

Ingredienti:

- 1 base per pizza come da ricetta a pagina 10
- 400 gr di pomodorini Pachino
- 130 gr di olive di Gaeta
- 250 gr di mozzarella fiordilatte affumicata
- 2 cucchiai di capperi sotto sale
- Olio evo q.b.

Preparazione:

- Lavate i pomodorini, asciugateli e tagliateli a metà. Tritate il fiordilatte e lavate i capperi sotto un getto di acqua fredda
- Dividete la base per pizza in 4 panetti che stenderete in teglie individuali per pizza unte di olio. Stendete bene aiutandovi con le dita per allargare l'impasto verso i bordi; spennellate di olio, coprite e lasciate lievitare per 45 minuti
- Trascorso questo tempo, condite con il fiordilatte, i pomodorini, le olive e i capperi, aggiungete ancora un filo d'olio e infornate a 230°C per 15 minuti o fino a doratura del bordo

- Se volete accertarvi che la pizza sia ben cotta, sollevatela leggermente: la base dovrà essere bella dorata e croccante

LA "PIZZAMARE"

Ingredienti per 4 persone:

- 1 base di piazza come da ricetta a pagina 10
- 400 gr di mozzarella
- 1 peperone arrostito a filetti
- 12 pomodorini datterini
- 1 cipolla
- 100 gr di gamberi lessati
- 150 gr di moscardini lessati
- 4 sarde diliscate
- 50 gr di Emmental a dadini
- Olive a piacere
- Qualche ciuffo di prezzemolo

Preparazione:

- Stendete la pasta per la pizza in una teglia da forno rettangolare ben oliata avendo cura di premerla bene con le dita per allargarla verso il bordo. Spennellate con olio, coprite e lasciate lievitare per 45 minuti
- Lavate e tritate metà dei pomodorini e distribuiteli sopra la pizza insieme alla mozzarella a dadini; con la punta di un coltello "dividete" la pizza in sei parti
- Mettete in ogni sezione i diversi ingredienti accostandoli secondo il proprio gusto. Condite con un filo di olio e

mettete la pizzamare nel forno preriscaldato a 220°C per 25-30 minuti
- Sfornate e guarnite con qualche ciuffo di prezzemolo

FOCACCE

Semplici o arricchite con vari ingredienti, tonde o rettangolari, potete sbizzarrirvi come preferite per creare una combinazione di sapori e di gusto semplicemente unica

FARINATA DI CECI

Ingredienti:

- 500 gr di farina di ceci
- 1,5 lt di acqua fredda
- 6 cucchiai di olio evo
- 1 cucchiaino di sale fino
- Pepe q.b.
- Qualche rametto di rosmarino fresco

Preparazione:

- In un recipiente molto capiente, versate la farina di ceci a fontana. Poca alla volta, aggiungete l'acqua mescolando con una frusta a mano per non formare grumi
- Regolate di sale e aggiungete del rosmarino fresco spezzettato. Lasciare riposare il composto almeno 4 o 5 ore, fuori dal frigo, mescolando di tanto in tanto
- Trascorso questo tempo, sul composto si sarà creata una schiumetta: rimuovetela con l'aiuto di una schiumarola o di un cucchiaio da cucina, aggiungete 4 cucchiai di olio e amalgamate bene gli ingredienti
- Ungete molto bene una teglia antiaderente e, con un mestolo da cucina, versare parte del composto (deve avere uno spessore di circa 1 cm)

- Infornate a 250°C in forno statico preriscaldato, concludendo la cottura con qualche minuto di grill per conferire la caratteristica crosticina croccante
- Servite molto calda, appena sfornata con una generosa macinata di pepe nero
- Se gradite potete accompagnare la farinata con delle fette sottili di lardo di Colonnata

FOCACCINE CON FARINA DI FARRO

Ingredienti:

- 350 gr di farina di farro
- 150 ml di acqua
- 30 ml di olio d'oliva
- 1 cucchiaino di zucchero
- 1 cucchino di sale
- 8 gr di lievito di birra fresco
- Olio per la teglia
- Sale grosso q.b.
- Qualche rametto di rosmarino, timo, origano

Preparazione:

- Riunite in una ciotola la farina di farro, lo zucchero e il sale. Mescolate un po' gli ingredienti secchi, poi aggiungete l'olio. Unite anche l'acqua nella quale avrete sciolto il lievito di birra e lavorate l'impasto o con una planetaria munita di gancio, oppure energicamente a mano, fino ad ottenere un impasto morbido ed elastico
- Dategli una forma a palla e sistematelo in una ciotola coperto con la pellicola per alimenti e lasciate lievitare per almeno 3 ore o comunque fino al raddoppio, in un

luogo riparato, (come ad esempio il forno spento con la luce accesa)
- Una volta raddoppiato di volume riprendete l'impasto e fate delle pieghe. Appiattitelo e fate le pieghe a tre. Appiattite nuovamente l'impasto e fate ancora le stesse pieghe a tre
- Dividete l'impasto ottenuto in 12 pezzi. Appiattite ognuno, allungandolo leggermente, così che potrete arrotolarlo stretto. Poi con questo rotolino formate una pallina, che rotolerete tra le mani per chiuderla bene. Schiacciate ogni pallina per ottenere un piccolo disco, non troppo sottile
- Sistemate ogni focaccina in una teglia rivestita con della carta forno e lasciatele lievitare ancora per un'ora circa. Schiacciate le focaccine ottenute con i polpastrelli, creando così le classiche fossette. Spennellate con un filo d'olio d'oliva, aggiungete a piacere rosmarino, timo, origano e qualche chicco di sale grosso. Fatele cuocere in forno preriscaldato a 200°C per 15 minuti circa
- Le vostre focaccine sono pronte per essere servite magari accompagnando un bel vassoio di affettati misti o delle verdure grigliate

FOCACCIA DI RECCO

Ingredienti:

- 400 gr di farina
- 300 gr di formaggio stracchino
- 250 ml di acqua
- 50 ml di olio
- 1 cucchiaio di sale

Preparazione:

- Versate in una ciotola acqua olio e sale e mescolate con una frusta fino a sciogliere il sale. Aggiungete la farina poco alla volta e amalgamate bene con la frusta
- Quando il composto non è più lavorabile con la frusta, continuate con le mani. Trasferite l'impasto sul piano di lavoro e continuate a impastare fino ad ottenere un panetto liscio ed omogeneo
- Avvolgete il panetto nella pellicola trasparente unta con un po' di olio di oliva e lasciare riposare in frigorifero per circa 2 ore. Poi dividere l'impasto a metà
- Stendete i due panetti molto sottili (si deve vedere la mano in trasparenza) e mettete il primo su una teglia da forno creando dei bordi. Con l'aiuto di un cucchiaino distribuite la crescenza, poi coprite con

l'altro strato sottile di pasta che avevate steso in precedenza
- Tagliate la parte in eccesso di pasta e chiudete i bordi. Pizzicate in superficie per creare dei piccoli fori, aggiungete il sale e spennellate con l'olio su tutta la superficie
- Infornate per 10-15 minuti a 230°C, sfornate e la vostra focaccia è pronta per essere servite
- Attenzione! È molto importante stendere la pasta molto sottile, come la pasta fillo, altrimenti avrete tutt'altro risultato!

FOCACCIA DI QUINOA SENZA GLUTINE CON LE OLIVE

Ingredienti:

- 250 gr di farina di quinoa
- 250 gr di farina di riso
- 450 ml di acqua tiepida
- 12 gr di lievito di birra
- ½ cucchiaino di sale fino
- 2 cucchiai di olio evo
- 100 gr di olive denocciolate

Preparazione:

- Tritate grossolanamente una parte delle olive
- Sciogliete il lievito di birra in 300 ml di acqua tiepida mescolando con cura con una forchetta. Procedete ora mescolando le farine e versando poco alla volta prima l'acqua con il lievito, l'olio, le olive tritate e infine la restante acqua tiepida. Potrebbe non occorrervi tutta, procedete per gradi: potete impastare con un cucchiaio in una ciotola capiente o aiutandovi con un'impastatrice finché otterrete una pasta molto morbida, quasi cremosa, se la sollevate con un cucchiaio cadrà facilmente

- Foderate con carta forno una teglia rettangolare, disporvi sopra l'impasto e distribuite una manciata di olive in superficie. Lasciate riposare la focaccia per almeno 1 ora e 15 minuti nel forno spento o in altro luogo riparato tiepido
- Quando sarà lievitata, spennellate la superficie con un filo di olio e cuocete in forno preriscaldato a 180°C per 30 minuti circa, finché la superficie sarà bella dorata Ottima calda o tiepida, si mantiene anche il giorno seguente, basterà scaldarla in padella a fuoco vivace!

FOCACCIA CON PATATE E ROSMARINO

Ingredienti per 8 porzioni circa:

- 150 gr di farina "00"
- 150 gr di farina Manitoba
- 200 gr di patate
- 150 ml di acqua tiepida
- 1 cucchiaino di miele
- 8 gr di lievito di birra disidratato
- 2 cucchiaini di sale
- 2 cucchiai di olio d'oliva
- Olio evo per spennellare
- Rosmarino e sale grosso per guarnire

Preparazione:

- Lessate le patate in abbondante acqua leggermente salata finché risultano morbide. Scolatele, sbucciatele e schiacciatele con uno schiacciapatate
- Raccogliete in una ciotola, o nel boccale della planetaria le due farine, la purea di patate, il miele, il lievito, i 2 cucchiai di olio, l'acqua tiepida e il sale. Impastate energicamente per almeno 15 minuti fino a ottenere un composto morbido che risulterà un po' appiccicoso. Compattatelo con le mani e dategli la consueta forma di una palla. Coprite con pellicola

alimentare e fate lievitare in un luogo tiepido (come l'interno del forno spento) fino al raddoppio (ci vorranno almeno 2 ore)
- Trascorso questo tempo stendete l'impasto con le mani in una teglia tonda dal diametro di 24 cm unta d'olio. Formate in superficie qualche fossetta con le dita quindi spruzzate un po' d'acqua e irrorate con olio: cospargete con aghetti di rosmarino e chicchi di sale. Coprite con un panno e fate lievitare per altri 30 minuti
- Mettete nel forno già caldo a 200°C per 15 minuti, quindi riducete la temperatura a 180°C e fate cuocere per altri 15 minuti
- Sfornate e servite la focaccia di patate e rosmarino tiepida o a temperatura ambiente

FOCACCIA ALL'ORIGANO

Ingredienti:

Per la focaccia:

- 500 gr di farina tipo 0
- 320 ml di acqua tiepida
- ½ cubetto di lievito di birra fresco
- 1 cucchiaino di miele d'acacia
- 3 cucchiai di olio evo
- Origano fresco q.b.
- Sale q.b.

Per la salamoia:

- 50 ml di olio evo
- 50 ml di acqua
- 15 gr di sale

Preparazione:

- Sciogliete il lievito insieme al miele in una ciotola in cui avrete già dosato l'acqua a temperatura ambiente. Aggiungete la farina a pioggia e cominciate ad impastare. Quando il composto risulterà piuttosto grumoso aggiungete anche olio e sale

- Amalgamate ancora l'impasto nella ciotola pizzicandolo verso l'esterno e ripiegandolo verso il centro. La consistenza risulterà un po' appiccicosa. Fate riposare una decina di minuti (questo agevolerà l'elasticità dell'impasto)
- Rovesciate il composto su un piano da lavoro leggermente infarinato, formate una palla e riponete nuovamente in ciotola. Ungete la superficie, chiudete con la pellicola trasparente e fate riposare in luogo riparato e tiepido per circa 50 minuti
- Rimettete ancora l'impasto sul piano da lavoro leggermente infarinato ed allungatelo delicatamente con i polpastrelli
- Trasferitelo in una teglia 45x35 cm rivestita di carta forno spennellata con olio extravergine di oliva. Fatelo riposare per una decina di minuti e spennellatelo con un altro filo di olio
- Con la punta delle dita allargate gradualmente la base della focaccia e portatela ai bordi della teglia. Coprite con un foglio di pellicola e fate riposare per altri 15/20 minuti.
- Intanto portate il forno statico a 250°C. Preparate la salamoia unendo in una ciotola olio, acqua e sale. Mescolate velocemente fino ad ottenere un'emulsione. Riprendete la focaccia, bucherellatela con i polpastrelli (senza tirare) e distribuite sulla superficie l'emulsione aiutandovi con un pennello e cospargete con abbondante origano

- Infornate sul livello basso del forno per i primi 10 minuti. Spostate sul livello medio per altri 10/15 minuti, fino a quando la focaccia non avrà un bell'aspetto dorato
- Sfornate, lasciate intiepidire e servite la vostra focaccia all'origano

FOCACCIA CON LIEVITO MADRE, ACETO BALSAMICO E PECORINO

Ingredienti:

- 350 gr di farina tipo "00"
- 250 ml di acqua tiepida
- 25 gr di lievito madre essiccato
- 20 ml di olio evo + 20 ml per l'emulsione
- 50 ml di aceto balsamico
- ½ cucchiaino di zucchero
- 5 gr di lievito di birra
- 1 cucchiaino raso di sale
- 50 gr di pecorino grattugiato

Preparazione:

- Sciogliete il lievito di birra e lo zucchero in metà dell'acqua; nell'altra metà sciogliete il sale
- Prendete una ciotola e metteteci la farina, aggiungete prima l'acqua con il lievito e fate assorbire e poi quella con il sale. Impastate bene il tutto
- Unite all'impasto il lievito madre e il pecorino grattugiato e amalgamate bene. Incorporate l'olio d'oliva. Coprite la ciotola con pellicola trasparente e lasciate lievitare in un posto tiepido per almeno un'ora

- Stendete l'impasto in una teglia ben oliata di 40 x 30 cm e lasciate riposare coperta con un canovaccio per un'altra mezzora. Premete con i polpastrelli per creare delle fossette, salate leggermente in superficie e lasciate lievitare ancora per altri 20 minuti
- Preparate un'emulsione con l'olio, l'aceto e 1 cucchiaio di acqua e cospargete la focaccia
- Infornate a 190°C per 25 minuti circa

FOCACCIA CON POMODORINI RIPIENA

Ingredienti per 4 porzioni:

Per la base di pasta:

- 300 gr di farina 0
- 150 ml di acqua tiepida
- 10 gr di lievito di birra
- Sale q.b.

Per la farcitura:

- 100 gr di prosciutto cotto affettato
- 150 gr di mozzarella

Per la finitura:

- 12 pomodorini di Pachino
- Olive nere denocciolate a piacere
- Olio evo
- Origano e basilico fresco q.b.

Preparazione:

- Mettete la farina a fontana in una ciotola capiente e versate poco alla volta l'acqua tiepida in cui avrete fatto sciogliere il lievito. Successivamente aggiungete il sale. Lavorate l'impasto per circa 5 minuti, finché risulterà amalgamato e non si appiccicherà più alle

mani. Coprite la ciotola con pellicola o con un canovaccio e mettetela in un luogo tiepido e riparato, oppure nel forno spento con la luce accesa. Lasciate lievitare per 2 ore
- Dividete l'impasto in 2 parti uguali e stendete la prima in una teglia per pizza unta di olio
- Mettete le fette di prosciutto e la mozzarella tagliata dadini e ricoprite con l'altro strato di pasta. Fissate bene i bordi, con una leggera pressione, in modo tale da non far fuoriuscire il ripieno durante la cottura. Aggiungete i pomodorini pachino e le olive nere. Irrorate con olio e cospargete di origano
- Lasciate lievitare altri 30 minuti poi infornate a 180°C per circa 30 minuti. Servite la vostra focaccia con foglioline di basilico fresco

FOCACCIA BARESE

Ingredienti per 6 porzioni circa:

- 250 gr di semola rimacinata
- 180 ml di acqua tiepida
- 80 gr di patate lesse
- 1 cucchiaino raso di sale
- 5 gr di lievito di birra
- 150 gr di pomodorini ciliegino
- Olio evo
- Origano q.b.

Preparazione:

- Lessate le patate, sbucciatele e schiacciatele bene. Fatele raffreddare completamente, intanto preparate gli ingredienti per l'impasto base: semola, acqua e lievito di birra
- Fate sciogliere il lievito nell'acqua, aggiungete poi la semola, le patate schiacciate e il sale, impastate a mano o con l'aiuto di una planetaria. Sistemate l'impasto in una ciotola, coprite con un canovaccio e fate lievitare fino al raddoppio (ci vorranno un paio d'ore)

- Tendete l'impasto della focaccia in una teglia unta di olio (da 28 cm di diametro e possibilmente di alluminio)
- Aggiungete i pomodorini tagliati a metà e privati dei semi, olio, sale e origano. Lasciate lievitare per altre 2 ore
- Infornate la focaccia a 220°C per circa 25/30 minuti fino a quando non prende una bella colorazione dorata
- Piatto semplice ed economico, perfetta per accompagnare piatti di verdure o formaggi

FOCACCINE AI PEPERONI E TIMO

Ingredienti:

- 450 gr di farina bianca "00"
- ½ cubetto di lievito di birra fresco
- 250 ml di acqua tiepida
- ½ cucchiaino di zucchero
- 1 cucchiaino di sale + un pizzico per i peperoni
- 5 cucchiai di olio evo
- 1 scalogno
- 1 peperone rosso e 1 giallo
- Qualche rametto di timo fresco

Preparazione:

- Sciogliete il lievito e lo zucchero in metà dell'acqua; sciogliete il sale nella restante acqua
- Prendete una terrina e metteteci la farina a fontana; aggiungete prima l'acqua con il lievito e mescolate bene e successivamente l'altra acqua con il sale. Impastate bene unendo anche 3 cucchiai di olio, fino a ottenere un impasto morbido e liscio che coprirete con pellicola e lascerete riposare per un'ora circa
- Riprendete l'impasto e rilavoratelo ripiegandolo su sé stesso: ripetete questa operazione due volte e rimettete a riposare coperto per altri 30 minuti

- Dividete l'impasto in 8 parti uguali, formate delle palline che metterete a lievitare su una teglia ben oliata: lasciate ancora 15 minuti
- Appiattite le formelle e lasciate lievitare ancora 30 minuti
- Mondate e lavate i peperoni, eliminate il picciolo, tagliateli a metà, privateli dei semi e delle nervature interne e tagliateli a strisce sottili. Affettate lo scalogno sbucciato. Fateli saltare in padella con 2 cucchiai di olio e il timo, salandoli leggermente. Fate intiepidire
- Riprendete le focaccine, premete con i polpastrelli per creare delle fossette e fate lievitare per altri 30 minuti
- Trascorso questo tempo, infornate a 200°C per 15 minuti, aggiungete poi i peperoni e lasciate cuocere per altri 10 minuti

FOCACCIA CON OLIVE, NOCI E TIMO

Ingredienti per 8 persone:

- 600 gr di farina tipo 0
- 400 ml di acqua tiepida
- 1 cubetto di lievito di birra fresco
- 2 cucchiaini di miele
- 100 gr di gherigli di noci
- 100 ml di olio evo
- Qualche rametto di timo fresco
- Sale q.b.

Preparazione:

- Sbriciolate il lievito di birra in una ciotola, unitevi il miele e l'acqua tiepida e mescolate bene fino a far sciogliere i due ingredienti
- In un'altra ciotola disponetela farina a fontana, unite l'acqua con lievito e miele e amalgamate bene con le mani
- Su un piano di lavoro infarinato impastate la massa ottenuta per almeno 5 minuti, formate poi una palla, ritrasferitela nella ciotola e lasciatela lievitare, coperta con la pellicola, per circa 2 ore
- Nel frattempo tritate grossolanamente le olive e le noci e, trascorso il tempo di riposo, unitele all'impasto

insieme al timo. Lavorate ancora l'impasto con le mani finché noci e olive saranno distribuite in maniera omogenea
- Infarinate leggermente uno stampo per focaccia in silicone, quindi trasferitevi l'impasto e stendetelo con le dita finché toccherà i bordi. Spennellate la superficie della focaccia con olio e fatela lievitare per un'altra ora coperta da un panno
- Trascorso questo secondo tempo di lievitazione cuocete la focaccia in forno preriscaldato a 200°C per 30 minuti
- Questa focaccia è perfetta come spuntino o merenda, ma anche ottima per accompagnare verdure grigliate, salumi o formaggi

FOCACCIA CON MAIS E PANCETTA

Ingredienti:

- 500 gr di farina "00"
- 50 gr di farina di mais
- 20 gr di lievito di birra
- 150 gr di pancetta in un'unica fetta
- 50 gr di burro
- 5 cucchiai di olio evo
- 250 ml di acqua tiepida
- Un mazzetto di erbe aromatiche a piacere
- Sale e pepe q.b.

Preparazione:

- Sciogliete il lievito in poca acqua tiepida, unitelo alla farina in una ciotola, incorporate anche il burro, 3 cucchiai di olio e il sale; iniziate a mescolare. Aggiungete anche l'acqua rimasta e impastate bene fino a ottenere un impasto abbastanza consistente. Create una palla e coprite con un canovaccio: fate lievitare a temperatura ambiente per 30 minuti circa
- Riducete la pancetta a cubetti
- Trascorso il tempo di lievitazione, unite 2 cucchiai di cubetti di pancetta all'impasto e lavorate ancora; aggiungete una spolverata di farina di mais. Stendete

l'impasto in una teglia leggermente unta lasciandolo abbastanza spesso. Spennellate con olio evo, spolverizzate con la farina di mais rimasta e spruzzate con poca acqua
- Regolate di sale e pepe e fate lievitare in un luogo tiepido per almeno 20 minuti
- Infornate a 200°C per 25 minuti, unendo solo a metà cottura la pancetta rimanente e le erbe aromatiche spezzettate
- Sfornate e servitela tagliata e fette/spicchi

FOCACCIA FARCITA

Ingredienti per 6/8 porzioni:

- 2 panetti di pasta di pane pronta per pizza/focaccia di circa 600 gr ciascuno
- 350 gr di mozzarella per pizza
- 200 gr di prosciutto cotto affettato
- 100 gr di salame di Milano a fette
- 130 gr di provola bianca a fette
- Melanzane sott'olio a piacere
- Olio evo q.b.

Preparazione:

- Stendete il primo panetto di pasta su una spianatoia leggermente infarinata, portandolo allo spessore di mezzo centimetro. Trasferitelo in una teglia, unta d'olio o ricoperta di carta da forno, lasciando un po' di bordo per la chiusura finale
- Distribuite le fette di prosciutto sulla pasta stesa, tagliate le mozzarelle a fettine, quindi sovrapponetele al prosciutto. Proseguite con le fette di salame e la provola a fette; terminate distribuendo le melanzane sott'olio
- Stendete anche il secondo panetto di pasta e sovrapponetelo al ripieno appena disposto, sigillando

bene i bordi, così da non far fuoriuscire la farcia. Spennellate la superficie con olio d'oliva
- Trasferite in forno statico pre-riscaldato a 180°C e fate cuocere per 30 minuti
- Sfornate la focaccia farcita, lasciatela riposare qualche minuto quindi servitela tagliata a tranci. Questa focaccia è perfetta per un pranzo rustico oppure, tagliata a cubotti, ottima per accompagnare un aperitivo

FOCACCIA INTEGRALE CON ZUCCHINE E FORMAGGIO

Ingredienti:

- 300 gr di farina bianca "00"
- 120 gr di farina integrale
- 250 ml di acqua tiepida
- ½ cubetto di lievito di birra fresco
- 3 zucchine medie
- 200 gr di formaggio di capra
- 6 cucchiai di olio evo
- 1 cucchiaino raso di sale fino
- Pepe q.b.
- 3 gr di malto in polvere

Preparazione:

- Sciogliete il lievito in metà dell'acqua e aggiungete anche il malto in polvere. Sciogliete il sale nel resto dell'acqua
- Disponete le farine a fontana in una ciotola, amalgamate prima l'acqua con il lievito e, quando è bene assorbita, quella con il sale. Mescolate bene e poi aggiungete 2 cucchiai di olio: impastate fino a ottenere un composto sodo e omogeneo. Fatene una palla e

rimettetelo nella ciotola coperto a lievitare per 40 minuti circa

- Rilavorate l'impasto, appiattitelo e piegatelo su sé stesso per due volte. Fate lievitare per altri 40 minuti
- Stendete l'impasto in 2 teglie da forno di circa 30x20 cm, pigiate con i polpastrelli per creare delle fossette, oliate e fate riposare in un luogo tiepido per 50 minuti
- Infornate a 220°C per 20 minuti, togliete dal forno e spennellate con olio d'oliva
- Mondate e lavate le zucchine, eliminate le estremità e con una mandolina affettatele sottili: conditele con olio, sale e pepe
- Togliete la focaccia dal forno a cottura ultimata e, quando è tiepida, condite la superficie con le fette di zucchine e fette di formaggio

FOCACCIA GOURMET

Ingredienti per 4 persone:

- 1 panetto di pasta di pane pronta di circa 600 gr
- 150 gr di prosciutto crudo a fette
- 10 pomodorini secchi
- 80 gr di formaggio feta
- 5 fette di melanzane sott'olio
- 2 rametti di timo fresco

Preparazione:

- Stendete la pasta di pane su un piano da lavoro infarinato con l'aiuto di un mattarello
- Raggiungete uno spessore di 2 cm. Trasferite l'impasto su una teglia leggermente unta e esercitate una leggera pressione con i polpastrelli sulla superficie, al fine di formare delle fossette. Spennellate con un filo d'olio extra vergine di oliva, pepe nero e sale grosso
- Fate cuocere in forno preriscaldato a 220°C per circa 30 minuti
- Tagliate la focaccia a pezzi e guarniteli con le fette di prosciutto crudo, i pomodorini secchi spezzettati, le melanzane sott'olio, la feta sbriciolata e, infine, il timo fresco
- Servite la vostra focaccia gourmet con una macinata di pepe nero e un filo d'olio

- Questi ingredienti saporiti creano un piatto molto ricco di gusto e sfizioso, perfetto anche per un aperitivo con gli amici accompagnato da un buon calice di vino

FOCACCIA AL GRANO SARACENO CON GORGONZOLA E NOCI

Ingredienti:

- 250 gr di farina bianca "00"
- 100 gr di farina di grano saraceno
- ½ cubetto di lievito di birra fresco
- 250 ml di acqua tiepida
- 300 gr di gorgonzola
- 60 gr di gherigli di noci
- 4 cucchiai di olio evo
- 1 cucchiaino raso di sale

Preparazione:

- Sciogliete il lievito in metà dell'acqua tiepida e il sale nell'altra metà
- Prendete una ciotola e metteteci le farine a fontana, aggiungete prima l'acqua con il lievito e fate amalgamare bene, aggiungete poi l'acqua con il sale e cominciate ad impastare. Unite infine 2 cucchiai di olio all'impasto e lavoratelo bene fino a ottenere un panetto liscio e compatto. Coprite con la pellicola e fate lievitare per 1 ora

- Stendete l'impasto su una spianatoia leggermente infarinata e poi trasferitelo in una teglia rivestita con carta da forno. Lasciate lievitare per altri 15 minuti
- Praticate dei tagli nell'impasto per creare dei rettangoli e poi lasciate lievitare per altri 20 minuti coperto con un canovaccio
- Spennellate l'impasto con 2 cucchiai di olio d'oliva, condite con il gorgonzola tagliato a fettine, a cui avete precedentemente tolta la buccia, e mettete 2 gherigli di noce su ogni rettangolo
- Infornate a 190°C per 25 minuti circa
- Servite caldo per apprezzarne tutto il gusto

FOCACCIA CON CIPOLLE, MELANZANE E ROSMARINO

Ingredienti per 4 persone:

- 1 panetto di pasta per pizza pronta di circa 600 gr
- 1 cipolla rossa di Tropea
- 1 melanzana media
- 3 cucchiai di formaggio spalmabile
- 6 cucchiai di olio evo
- 1 spicchio di aglio
- 1 rametto di rosmarino fresco
- Un pizzico di peperoncino in polvere

Preparazione:

- Lavate e spuntate la melanzana, tagliatela a fette non più alte di 1 cm. Rivestite una teglia con carta forno, ungete leggermente le fette di melanzana, salatele e disponetele una accanto all'altra, fate cuocere in forno 5 minuti per parte, quindi toglietele dal forno e fate freddare. Affettate la cipolla e fatela appassire in padella con due cucchiai di olio e uno spicchio d'aglio, facendo attenzione a non far scurire troppo. Regolate di sale e lasciate intiepidire

- Stendete l'impasto della pizza in una teglia leggermente unta d'olio, e portate il forno a 220°C. Lasciate lievitare l'impasto per 20 minuti circa a temperatura ambiente
- Trascorso questo tempo, disponete le fette di melanzana appena sovrapposte tra loro sulla base dell'impasto
- Ricoprite con le cipolle, eliminando l'aglio, e finite con una leggera spolverata di peperoncino e degli aghi di rosmarino
- Infornate per circa 15 minuti controllando che l'impasto sia dorato. Sfornate la focaccia, lasciate riposare per 5 minuti e aggiungete qualche fiocchetto di formaggio spalmabile prima di servire

FOCACCIA ALLE MELE

Ingredienti:

- 450 gr di farina "00"
- 250 ml di acqua tiepida
- 1 mela Pink Lady
- ½ cucchiaino di zucchero
- ½ cucchiaino di sale
- ½ bustina di lievito istantaneo
- 4 cucchiai di olio evo
- 1 cucchiaio di rosmarino tritato
- 60 gr di formaggio gruviera grattugiato
- Fior di sale q.b.

Preparazione:

- Inserire nel mixer o robot da cucina il lievito, lo zucchero, il sale e l'acqua tiepida. Aggiungere 50g di farina, azionare e lasciare riposare per 5 minuti in un luogo caldo
- Trasferite in una ciotola e incorporate la restante farina; impastate delicatamente fino ad ottenere una palla di pasta omogenea. Oliate leggermente e coprite con la pellicola. Lasciate riposare per 1h e 30 minuti
- Rivestite la placca del forno con la carta da forno e spennellarla con olio d'oliva. Stendete la pasta nella

teglia dandole la forma di un rettangolo, allargandola bene con i polpastrelli. Coprite nuovamente con la pellicola trasparente e lasciate riposare ancora per 30 minuti.

- Preriscaldate il forno a 220°C. Fate dei piccoli fori nella pasta con le dita e versateci 2 cucchiai di olio d'oliva, spolverizzate con la metà del rosmarino tritato
- Lavate la mela, eliminate il torsolo e tagliatela a rondelle, senza sbucciarla; sistemate sulla focaccia. Versate un ultimo cucchiaio di olio extravergine d'oliva sulle fettine di mela e il restante rosmarino
- Infornate per 20-25 minuti fino a quando i bordi della focaccia saranno dorati. Spolverizzate con il groviera grattugiato e infornate ancora per 2 minuti
- Lasciate raffreddare leggermente la focaccia e spolverizzate con il fior di sale

FOCACCIA GENOVESE

Ingredienti:

Per la biga:

- 500 gr di farina Manitoba
- 230 ml di acqua tiepida
- 5 gr di lievito di birra

Per la focaccia:

- 500 gr di farina "00"
- 300 ml di acqua tiepida
- 3 cucchiai di olio evo
- 15 gr di lievito di birra
- 10 gr di malto o 1 cucchiaino di miele
- 12 gr di sale

Preparazione:

- Fate una biga con 500 gr di farina Manitoba, 230 ml di acqua e 5 gr di lievito di birra, impastate bene e lasciatela fermentare per 12 ore almeno
- Il giorno successivo aggiungete a 150 gr di biga (il resto mettetelo da parte) 500 gr di farina "00", 300 gr di acqua, 30 g di olio extravergine d'oliva, 15 g di lievito di birra, 10 g di malto (o miele) e 12 g di sale.

Mescolate bene gli ingredienti fino a ottenere un impasto omogeneo
- Dividetelo in pezzi da 500 gr e dategli una forma rettangolare con due pieghe chiuse verso il basso. Sistematelo ben coperto su una tavola infarinata e poi stendetelo con il matterello. Lasciatelo lievitare per altri 30 minuti e sistematelo su una teglia unta aiutandovi con le mani leggermente bagnate
- Fate dei buchi con i polpastrelli senza rompere l'impasto e condite con una salamoia a base di un terzo di acqua, due terzi di olio e un po' di sale
- Lasciate lievitare ancora un'ora e poi infornate a 230°C per circa 20 minuti. Appena terminata la cottura, datele ancora una spennellata con olio extravergine ed estraetela immediatamente dalla teglia

FOCACCIA AL MIELE DI SULLA CON NOCCIOLE

Ingredienti per 6 porzioni:

- 320 gr di farina "00"
- 180 gr di miele di sulla
- 20 gr di nocciole
- ½ bustina di lievito di birra disidratato
- Origano secco q.b.
- 230 ml di acqua tiepida
- Olio evo
- Sale
- 1 cucchiaino di miele di sulla per guarnire

Preparazione:

- Fate sciogliere il miele in una casseruola a bagnomaria fino a fargli raggiungere una consistenza liquida. Importante è che l'acqua sia calda ma non arrivi mai a bollire!
- Prendete una ciotola capiente e mescolate la farina con il sale, unite il lievito e l'origano e infine il miele. Unite poca acqua alla volta e impastate bene fino a quando il miele non viene completamente assorbito; dovrete avere un impasto liscio ed omogeneo

- Incorporate le nocciole tritate, impastate ancora e formate una palla che farete lievitare coperta con un canovaccio in un luogo tiepido per almeno 1 ora
- Dopo la lievitazione, stendete l'impasto su una teglia unta di olio, premete bene con i polpastrelli per allungare l'impasto su tutta la teglia e ungete anche la superficie: cospargete di sale grosso
- Infornate la focaccia in forno pre-riscaldato a 190°C per 40 minuti circa
- Servite la focaccia calda irrorata con un filo di miele
- Questa focaccia può essere una deliziosa merenda, ma è ottima anche come antipasto per accompagnare un tagliere di salumi e formaggi per un aperitivo

& COMPANY

In questa sezione andremo a cucinare insieme tante ricette sfiziose che vanno dalla preparazione di panini speciali, alle brioche salate, bruschette e tante altre delizie che potranno accompagnare i vostri aperitivi con gli amici o dei buffet intriganti ed attraenti sia per gli occhi che per la gola; non dovete fare altro che scegliere ingredienti di qualità e sbizzarrirvi con tutta la vostra fantasia

PANINI ALLE NOCI

Ingredienti per 5 panini:

- 300 gr di farina bianca tipo "0"
- ½ cubetto di lievito di birra fresco
- 120 ml di latte
- 1 uovo
- 2 cucchiai di miele d'acacia
- 70 gr di gherigli di noci
- ½ cucchiaino raso di sale

Preparazione:

- Sciogliete il lievito nel latte appena tiepido e aggiungete il miele
- Con una frusta, sbattete l'uovo, unitevi il latte e versate il tutto in una ciotola dove avrete già messo la farina. Mescolate e poi unite il sale. Impastate bene fino a ottenere un composto liscio e omogeneo
- Tritate la metà delle noci e tenete da parte i gherigli interi per guarnire i panini
- Mettete l'impasto ottenuto su una spianatoia leggermente infarinata, allargatelo un po' e mettete al centro le noci tritate. Impastate bene il tutto
- Formate una palla che lascerete lievitare coperta per 1 ora

- Suddividete l'impasto in 5 palline da 120 gr circa ciascuna
- Mettetele in una teglia rivestita con carta forno e fatele lievitare per almeno 1 ora, fino al raddoppio del loro volume
- Guarnite ogni pallina con 1 o 2 gherigli di noci e infornate a 180°C per 10 minuti circa
- Questi panini sono ottimi per accompagnare un tagliere di salumi e formaggi e perché no, anche con un buon bicchiere di vino rosso

PANINI DI QUINOA SENZA GLUTINE

Ingredienti:

- 400 gr di farina di riso
- 100 gr di farina di quinoa
- 360 ml di acqua tiepida + 2 cucchiai
- 4 gr di malto
- 8 gr di sale
- 2 cucchiai di olio evo
- La punta di 1 cucchiaino di zucchero
- 18 gr di lievito di birra fresco
- Semi di sesamo e di girasole q.b.

Preparazione:

- Sciogliete il lievito di birra e lo zucchero nell'acqua tiepida
- Setacciate le farine in una ciotola e aggiungetevi l'olio e il sale; unite l'acqua con il lievito e lavorate energicamente l'impasto per una decina di minuti. Mettete l'impasto in una terrina oliata, coprite con la pellicola e lasciate lievitare per almeno 90 minuti a temperatura ambiente
- Trascorso questo tempo, suddividete l'impasto in filoncini del peso di 60/80 gr ciascuno e trasferiteli in

una teglia da forno. Spennellate i filoncini con un'emulsione con 2 cucchiai di acqua e il malto
- Spolverizzate con i semi e fate lievitare per 1 ora a temperatura ambiente
- Infornate a 200°C per 20 minuti circa
- Lasciateli intiepidire prima di portarli in tavola con dei salumi di vostro gradimento. Li potete anche servire a colazione con la ricotta o con una marmellata ai frutti rossi

FILONCINI AL LIMONE

Ingredienti:

- 500 gr di farina bianca "00"
- 15 gr di lievito di birra fresco
- 3 cucchiai di olio evo
- 200 ml di acqua tiepida
- 1 cucchiaio di miele
- 12 gr di sale
- 2 piccoli limoni biologici
- Il succo di ½ limone

Per la biga:

- 100 gr di farina tipo Manitoba
- 2 gr di lievito di birra
- 60 ml di acqua tiepida
- Olio d'oliva per spennellare

Preparazione:

- Preparate la biga impastando velocemente tutti gli ingredienti, tranne l'olio, in una ciotola. Formate un panetto, oliatelo e fate lievitare fino a quando non raddoppia il suo volume. Copritelo poi con un canovaccio e lasciate a temperatura ambiente tra le 15 e le 24 ore

- Lavate i limoni, pelate la buccia, solo la parte gialla, e tagliatela a bastoncini. Metteteli in acqua per qualche minuto (tranne qualcuno da tenere per guarnire) e poi riduceteli in poltiglia pestandoli in un mortaio
- Sciogliete il lievito in ½ bicchiere di acqua tiepida e impastate la farina con la biga preparata il giorno prima e gli altri ingredienti indicati; aggiungete il resto dell'acqua in avrete sciolto il sale. Impastate bene e coprite con un canovaccio a lievitare per 1 ora circa: dovrà raddoppiare il suo volume
- Dividete l'impasto in 2 parti, e lasciate riposare per altri 10 minuti. Formate poi 2 filoncini, arrotolateli su sé stessi e fateli lievitare ancora coperti per altri 30 minuti adagiati in una teglia rivestita con carta forno
- Inserite i bastoncini di limone tenuti da parte e spruzzate la superficie con acqua – attenzione a non toccare la pasta lievitata! – e infornate a 200°C per 30 minuti circa

PIZZA WAFFLE

Ingredienti per 4 persone:

- 1 pasta base per pizza come da ricetta a pagina
- 100 ml di passata di pomodoro
- 100 gr di mozzarella
- Olio evo q.b.
- Sale q.b.

Preparazione:

- Stendete la pasta per pizza e ricavatene dei dischi di circa 10cm di diametro e farcite con pomodoro e mozzarella. Aggiungete sale e olio e richiudete con altra pasta. Aiutatevi con un taglia pasta tondo
- Cuocete nella piastra per i waffle per almeno 3-4 minuti. Servite i waffle pizza ancora caldi

CONI DI PIZZA

Ingredienti per 4 persone:

- 500 gr di farina tipo "0"
- 50 ml di acqua
- 5 gr di sale
- ½ cubetto di lievito di birra fresco
- 2 cucchiai di zucchero
- 2 uova
- 170 ml di latte
- 60 gr di burro a temperatura ambiente

Per il ripieno:

- 200 gr di mozzarella per pizza
- 1 tazza di passata di pomodoro
- Origano q.b.
- 1 tuorlo e 20 ml di latte per spennellare
- Semi di sesamo e di papavero per guarnire

Preparazione:

- In una ciotola mettete la farina setacciata, lo zucchero ed il sale. Sciogliete il lievito nell'acqua ed unitelo alla farina. Iniziate ad impastare nella planetaria unendo anche le uova leggermente sbattute ed il latte

- Lavorate per 8/10 minuti fino ad incordatura, poi unite il burro morbido a pezzetti. Lavorate per altri 5 minuti in modo che l'impasto risulti liscio ed omogeneo. Formate una palla, mettetela in una ciotola coperta con pellicola al caldo a lievitare per 2 ore circa, fino al raddoppio del volume dell'impasto
- Nel frattempo preparate i coni utilizzando 8 fogli di carta in formato A4 e 8 fogli in alluminio leggermente più grandi dei fogli di carta. Formate un cono con la carta ed avvolgetelo con l'alluminio chiudendo il bordo superiore e sigillando bene la punta. Procedete così per tutti i coni

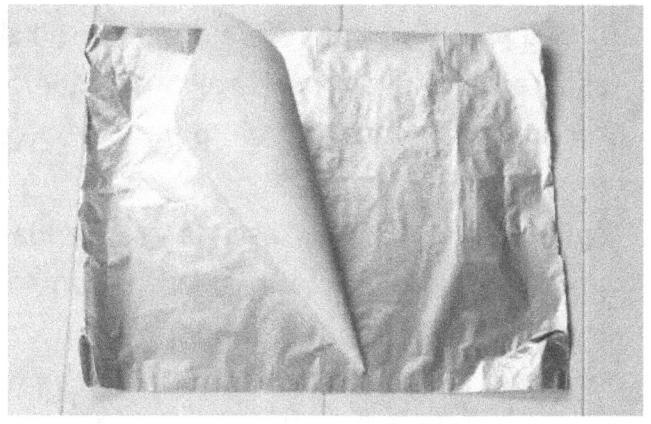

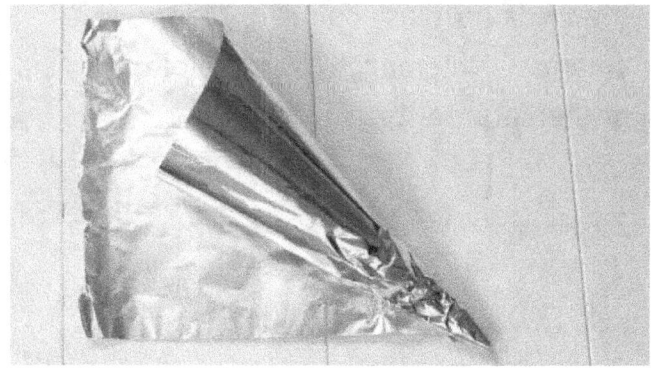

- A impasto raddoppiato, capovolgetelo sulla spianatoia infarinata, tiratelo leggermente con le mani a formare un rettangolo che dividerete in 8 porzioni uguali
- Formate dei cordoncini inizialmente di 40 cm circa di lunghezza, lasciateli riposare qualche minuto poi tirateli ancora fino ad 80 cm
- Avvolgete ogni cordoncino attorno ad un cono di alluminio iniziando dalla punta e sigillandola bene. Posizionate i coni su due teglie rivestite di carta forno e lasciate riposare ancora per 15 minuti
- Spennellate con tuorlo e latte sbattuti e spolverate con i semi di sesamo e papavero
- Infornate a 200°C per 20 minuti in forno statico
- Tagliate tutta la mozzarella a cubetti piccoli e preparare il passato di pomodoro condito con l'origano
- Togliete dal forno, lasciate raffreddare qualche minuto poi procedete a sfilare i coni di alluminio; farciteli con il pomodoro, abbondate mozzarella ed un pizzico di origano ed infornate nuovamente per 5 minuti coprendo i coni con un foglio di alluminio in modo da non farli colorare troppo
- Quando il formaggio sarà sciolto, sfornate e servite immediatamente

CORNETTI SALATI AL ROSMARINO

Ingredienti:

- 500 gr di farina bianca tipo "0"
- 300 ml di acqua tiepida
- 200 gr di burro a temperatura ambiente
- 30 gr di lievito madre essiccato
- 5 gr di lievito di birra
- 1 cucchiaino di sale
- ½ cucchiaino di zucchero
- 4 rametti di rosmarino fresco

Preparazione:

- Mettete gli aghi di rosmarino nel microonde per 2 minuti circa per disidratarlo, poi sbriciolatelo
- Sciogliete il sale in 100 ml di acqua, mentre nella restante acqua sciogliete il lievito di birra con lo zucchero
- Mettete la farina (tranne 2 cucchiai) in una ciotola e mescolate con l'acqua e lievito; unite il lievito madre e l'acqua salata. Impastate bene fino a ottenere un composto omogeneo. Unite il rosmarino sbriciolato e formate una palla che coprirete con un canovaccio da cucina e farete lievitare per 1 ora

- Mescolate il burro morbido alla farina rimasta, stendetelo su un foglio di carta forno in maniera uniforme formando un quadrato di 20 cm circa di lato e mettete in frigorifero per una decina di minuti
- Stendete l'impasto a rettangolo con uno spessore di 2 cm e sovrapponetevi il burro freddo. Chiudete l'impasto a libro in tre parti. Giratelo di 90° e piegatelo in due. Lasciate riposare per una decina di minuti per poi stenderlo nuovamente creando un rettangolo sottile
- Ritagliate dall'impasto dei triangoli isosceli che arrotolerete per formare i cornetti
- Lasciate lievitare 1 ora e poi infornate a 220°C per 15 minuti circa

MUFFIN DI PIZZA

Ingredienti:

Per 6 muffin:

- 250 gr di farina tipo "00"
- 130 ml di acqua tiepida
- 3 cucchiai di olio d'oliva
- 1 bustina di lievito istantaneo per torte salate
- 1 pizzico di zucchero
- 1 cucchiaino di sale fino

Per condire:

- 200 gr di mozzarella per pizza
- 200 gr di passata di pomodoro
- 1 cucchiaio di concentrato di pomodoro
- Origano secco q.b.
- Sale e pepe q.b.

Preparazione:

- In un contenitore stemperate il concentrato nella polpa di pomodoro, aggiungete sale, pepe e origano. Mescolate e tenete da parte
- Nella ciotola della planetaria raccogliete la farina e il lievito setacciati, unite l'acqua e l'olio. Impastate con

la frusta a foglia fino ad amalgamare bene tutti gli ingredienti. Salate e impastate con il gancio a uncino per 5 minuti. In alternativa potete lavorare tutti gli ingredienti a mano
- Quando l'impasto sarà liscio e poco appiccicoso suddividetelo in 6 porzioni da 70 g ciascuna e formate delle palline. Stendete l'impasto di ogni pallina e ponete al centro un cucchiaio scarso di polpa di pomodoro insieme a 3-4 cubetti di mozzarella
- Tirate leggermente i lembi di pasta verso il centro in modo da formare una sorta di fagottino, che racchiuda pomodoro e mozzarella all'interno. Fate una leggera pressione in cima per sigillare e ponetelo in uno stampo da muffin foderato con gli appositi pirottini. Procedete in questa maniera con tutte le palline di impasto in modo da ottenere 6 muffin. Adagiate un cucchiaio di pomodoro su ciascun muffin e qualche cubetto di mozzarella. Cospargete con origano secco
- Infornate i muffin di pizza nel forno già caldo a 180°C per 20 minuti, quindi per altri 5 con il grill a media potenza
- Sfornate e servite tiepidi

GIRELLE SALATE AL POMODORO E ORIGANO

Ingredienti per 15 girelle circa:

- 1 base per pizza come da ricetta a pagina
- 4 cucchiai di passata di pomodoro
- Origano secco q.b.
- Parmigiano grattugiato q.b.
- Sale e pepe q.b.

Preparazione:

- Su una spianatoia leggermente infarinata stendete la base per pizza in un rettangolo non troppo spesso
- Distribuiteci la passata di pomodoro, il parmigiano grattugiato e l'origano lasciando libero il bordo (di circa 1 cm). Spolverizzate con sale e pepe
- Arrotolate l'impasto in maniera stretta, partendo dal lato più corto del rettangolo. Con un coltello tagliate il rotolo ottenuto a fette spesse un paio di centimetri e disponetele, distanziate, su una piastra rivestita di carta da forno. Coprite con un panno umido e fate lievitare fino al raddoppio dell'impasto. Ci vorrà circa 1 ora

- Cuocete nel forno già caldo a 180°C per circa 20-25 minuti, quindi trasferite le girelle su una griglia per farle intiepidire e servite
- Queste girelle rappresentano una gustosa variante alla pizza, ma sono ottime anche per arricchire il cestino del pane da portare in tavola

PANZEROTTI AL FORNO

Ingredienti per 6/8 porzioni:

- 1 base per pizza come da ricetta a pagina
- 200 g di passata di pomodoro
- 200 g di mozzarella fiordilatte
- Origano secco a piacere
- 1 cucchiaio di parmigiano grattugiato
- Sale
- Pepe
- 1 tuorlo e 1 cucchiaio di latte per spennellare

Preparazione:

- Tagliate la mozzarella a fette e lasciatela sgocciolare in un colino
- Asciugate le fette di mozzarella con carta da cucina e tagliatele a dadini. Unite in una ciotola la passata, il parmigiano grattugiato, i dadini di mozzarella, l'origano, il sale e una macinata di pepe
- Stendete l'impasto su una spianatola leggermente infarinata portandolo a uno spessore di circa 5 mm. Con un coppapasta di 12 cm ricavate tanti dischetti e farcite ciascuno di essi con un cucchiaino dell'impasto preparato

- Richiudeteli a mezzaluna, avendo cura di spennellare con un filo d'acqua i bordi in modo da chiuderli meglio, e sigillateli bene con i rebbi di una forchetta. Disponeteli su una teglia foderata di carta forno, opportunamente distanziati, e spennellateli con il tuorlo sbattuto miscelato con il latte
- Cuoceteli nel forno già caldo a 220°C per 15-20 minuti, quindi sfornate i panzerotti e serviteli subito.
- Questa è una variante altrettanto gustosa ma più leggera della tradizionale ricetta che prevede la frittura dei panzerotti

BRUSCHETTE CON CREMA DI MELANZANE, PEPERONI E OLIVE

Ingredienti per 4 persone:

- 2 melanzane viola piccole
- 2 peperoni rossi
- 8 fette di pane casereccio
- 1 spicchio d'aglio
- Olio evo q.b.
- Origano secco
- Sale e pepe q.b
- Olive taggiasche
- Capperi

Preparazione:

- Pre-riscaldate il forno a 200°C
- Lavate e asciugate i peperoni e le melanzane, poi dividete a metà queste ultime e disponetele su una teglia foderata di carta forno. Oliate leggermente in superficie le due verdure, infornate e cuocete per circa 30 minuti. Sfornate, lasciate intiepidire le verdure e con un cucchiaio recuperate la polpa delle melanzane e spellate il peperone, eliminate i semi e le nervature interne, per poi tagliarlo prima a listarelle e poi in pezzi

più piccoli. Trasferite il tutto nel bicchiere del frullatore insieme allo spicchio d'aglio sbucciato, un po' di origano secco e due cucchiai d'olio. Salate e pepate. Frullate il tutto fino a ottenere una crema omogenea
- Prendete le tre fette di pane casereccio e mettetele su una teglia foderata di carta forno, spennellate la superficie con un po' d'olio e tostatele in forno. Sfornate, lasciate raffreddare per qualche minuto
- Stendete la crema di melanzane e peperoni sulle fettine di pane. Completate con le olive e i capperi a piacere e servite le bruschette
- Queste bruschette sono un irrinunciabile accompagnamento per un aperitivo sfizioso

BOMBE CROQUE MONSIEUR

Ingredienti per 4 persone:

- 8 fette di pane per tramezzini (senza bordo)
- Olio evo q.b.
- 1 mozzarella
- 8 fette di speck
- Origano fresco
- Latte
- Farina
- 1 uovo
- Olio di semi di arachidi per friggere

Preparazione:

- Adagiate le fette di pane su un tagliere, spennellatene quattro con un filo di olio di oliva e adagiatevi sopra la mozzarella a cubetti
- Completate con 2 fette di speck a porzione e dell'origano fresco
- Coprite con la altre 4 fette e passatele prima nel latte, poi nella farina e infine nell'uovo sbattuto con un filo di sale
- Friggetele nell'olio molto caldo fino a doratura su entrambi i lati. Mettetele su carta assorbente per eliminare l'olio in eccesso

- Preparate quattro veli di pellicola. Avvolgete ogni croque Monsieur nella pellicola, arrotolate e pressate fino a formare quattro "bombe". Chiudete bene la pellicola e ponete a riposare in frigorifero per 30 minuti

- Trascorso il tempo di riposo, liberate le bombe dalla pellicola e cuocete in forno a 180°C per 15-20 minuti. Servite le vostre bombe croque Monsieur ancora calde

PIADINA APERTA CON MOZZARELLA, PEPERONI E PORCHETTA

Ingredienti per 4 persone:

- 4 piadine all'olio
- 4 mozzarelle da 125 g
- 1 peperone rosso
- 1 peperone giallo
- 200 g di porchetta a fette sottili
- 1 spicchio d'aglio
- Basilico fresco q.b.
- Olio extravergine di oliva
- Sale e pepe q.b.

Preparazione:

- Lavate i peperoni e poneteli su una teglia foderata di carta forno. Fateli arrostire in forno a 220°C per circa 40 minuti, girandoli spesso, fino a quando la pelle inizierà a diventare un po' scura. Sfornateli, chiudeteli in un sacchetto di plastica per alimenti per 15 minuti, quindi eliminate picciolo, semi, coste e tagliateli in falde. Trasferiteli in una ciotola e conditeli con olio, sale, pepe, l'aglio a fettine e il basilico spezzettato con le mani. Mescolate e lasciate insaporire

- Tagliate a fettine le mozzarelle e scaldate le piadine in una padella antiaderente senza aggiungere grassi
- Sistemate una piadina per piatto e farcite con i peperoni, la porchetta, la mozzarella e il basilico fresco. Pepate a piacere e servite subito
- Questa è un'idea creativa per portare in tavola un piatto gustoso e colorato, che potrete personalizzare con gli ingredienti che più preferite

PLUMCAKE SALATI CON PROSCIUTTO E OLIVE

Ingredienti per 6 plum-cake:

- 200 g di farina
- 50 g di prosciutto crudo in una sola fetta
- 1 scalogno
- 4 uova
- 1 bicchiere di vino bianco secco
- 100 g di formaggio primo sale
- 80 g di olive taggiasche
- 10 g di lievito in polvere
- Olio evo e sale q.b.

Preparazione:

- Tagliate a dadini il prosciutto e a tritate lo scalogno. Scaldate due cucchiai d'olio in una padella antiaderente, aggiungete lo scalogno e appena diventa traslucido unite il prosciutto. Fate quindi rosolare per 2-3 minuti
- Setacciate la farina con il lievito e frullatela nel mixer con le uova, il vino e un pizzico di sale. Trasferite quindi il composto in una ciotola

- Unitevi le olive denocciolate a tocchetti, il primo sale tagliato a dadini e il prosciutto con lo scalogno. Mescolate bene per amalgamare tutti gli ingredienti
- Imburrate e infarinate 6 stampini da plum-cake, riempiteli per 2/3 con il composto preparato e cuocete in forno preriscaldato a 180°C per circa 30 minuti
- Prima di portare in tavola togliete i plum-cake dagli stampini e fateli raffreddare su una gratella prima di servirli
- Questa semplice e veloce ricetta è un antipasto sfizioso, che si presta in molte occasioni: un picnic, un brunch o un aperitivo con gli amici

www.ingramcontent.com/pod-product-compliance
Lightning Source LLC
Chambersburg PA
CBHW071524080526
44588CB00011B/1553